まちごとアジア

タブリーズ
Iran 009 Tabriz

大バザールと文明の「交差路」

تبریز

Asia City Guide Production

【白地図】イラン

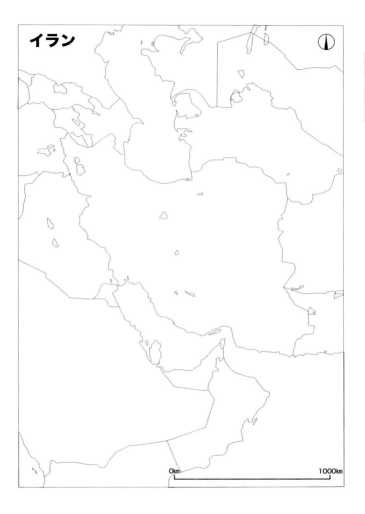

【白地図】イラン北西部

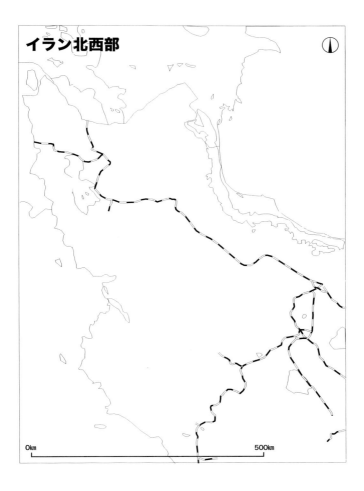

【白地図】タブリーズ市街

ASIA
イラン

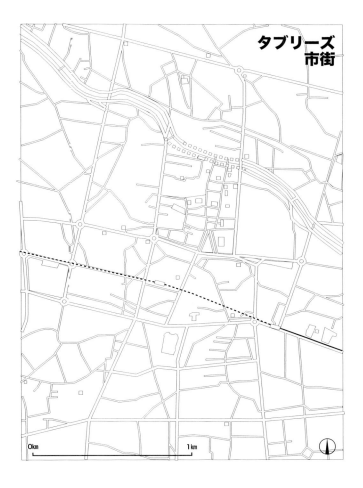

タブリーズ市街

Tabriz 白地図

【白地図】シャフルダリー広場

【白地図】バザール

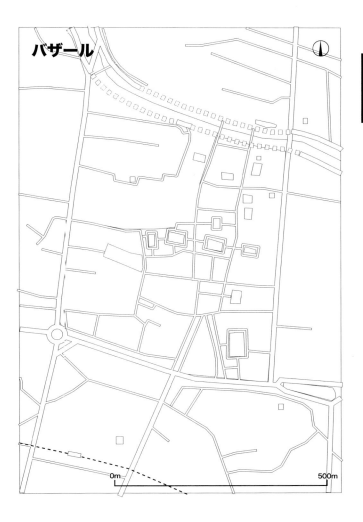

【白地図】タブリーズ全体図

ASIA
イラン

タブリーズ全体図

Tabriz 白地図

【白地図】タブリーズ郊外

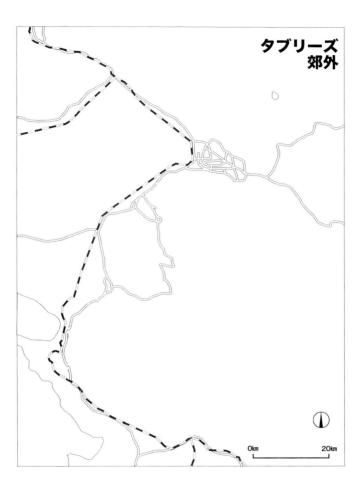

【まちごとアジア】
イラン 001 はじめてのイラン
イラン 002 テヘラン
イラン 003 イスファハン
イラン 004 シーラーズ
イラン 005 ペルセポリス
イラン 006 パサルガダエ（ナグシェ・ロスタム）
イラン 007 ヤズド
イラン 008 チョガ・ザンビル（アフヴァーズ）
イラン 009 タブリーズ
イラン 010 アルダビール

　テヘランに次ぐイラン第 2 の都市規模をもつ東アゼルバイジャン州の州都タブリーズ。イラン北西部にあたるこの地はコーカサス、アナトリアとイラン高原を結ぶ交通の要衝にあたり、古くから諸王朝が興亡を繰り返してきた。

　11 世紀のセルジューク朝トルコの西征から、アゼルバイジャン地方はトルコ化していき、13 世紀にはモンゴル系のイル・ハン国の首都がタブリーズにおかれた。以来、この街はトルコ系王朝の都がおかれる首邑となり、現在でもトルコ系アゼリー人が住民の多数をしめている。

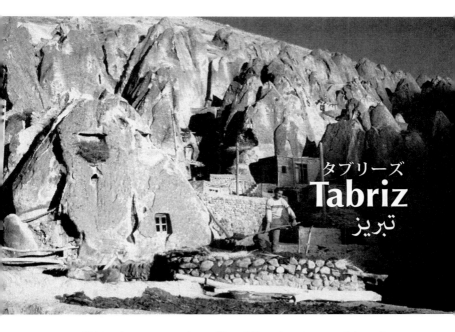

タブリーズ
Tabriz
تبریز

　18世紀になってカージャル朝の時代に入ると、タブリーズの価値はより高まり、対ヨーロッパ交易の拠点として首都テヘランをしのぐイラン最大の都市となっていた。現在も街の中心に残るタブリーズのバザールは1000年以上の伝統をもち、世界遺産にも登録されている。

【まちごとアジア】

イラン 009 タブリーズ

ASIA
イラン

目次

タブリーズ……………………………………………………xvi

北西の巨大交易都市……………………………………………xxii

タブリーズ城市案内 ……………………………………………xxxiii

千年続く商業空間 ………………………………………………lii

郊外城市案内 ……………………………………………………lvi

光と影のアゼルバイジャン……………………………………lxiv

城市のうつりかわり……………………………………………lxix

【MEMO】

【地図】イラン

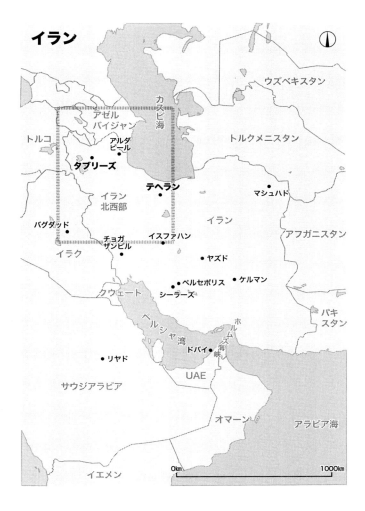

北西の巨大交易都市

ASIA
イラン

イラン北西部に広がるアゼルバイジャン地方
タブリーズは標高1405mに位置するその首邑
冬の冷え込みが厳しいことでも知られる

東アゼルバイジャン州の州都

アゼルバイジャン地方は、北アゼルバイジャン（アゼルバイジャン共和国）と南アゼルバイジャン（イランの東西アゼルバイジャン州とアルダビール州）で構成され、ふたつの国にまたがっている。これらの地域は歴史的にはひとつのまとまりであったことが多く、アケメネス朝ペルシャの総督として派遣されていたアトゥルパトにその名は由来すると言われる。タブリーズはこのアゼルバイジャン地方の首邑で、イル・ハン国（イランにあったモンゴル帝国）やトルコ系王朝の首都がおかれた歴史をもつ。アルメニア人、トルコ人、ペルシャ

▲左　イラン高原の建築とは異なる様式が見られる。　▲右　人びとの雰囲気やたたずまいもテヘランとは少し違う

人が暮らし、それらの文明が交錯する十字路となっている。

トルコ語が話される都市

タブリーズでは住民の大多数をアゼリー人と呼ばれるトルコ系の人々がしめ、トルコ系のアゼリー語が話されている。イランがイスラム化する以前、この地方で暮らしていたのはイラン系の人々（インド・ヨーロッパ語族）だったが、11世紀にセルジューク朝トルコ、13世紀にモンゴル軍が中央アジアからイランへ西征したことで多くのトルコ系住民が移住するようになった（ペルシャ語を母語とする人々はイランの

Tabriz　北西の巨大交易都市

【MEMO】

ASIA
イラン

▲左 バザールの商人、値段は交渉で決める。　▲右 粉をこねる職人

約半数)。トルコ系住民は中国新疆ウイグル自治区から中央アジアを経て、イラン北部、アナトリア半島へとユーラシア全域に広く分布している。

対ヨーロッパ交易の一大拠点

タブリーズが最高の繁栄を迎えていたのは、18〜20世紀初頭にかけてのカージャル朝時代のこと。アナトリアへと続く地の利から、近代化を果たした西欧諸国へ続く通商ルートの要衝となっていた。当時、イランの首都はテヘランにあったが、タブリーズの都市規模はテヘランをしのぎ、ペルシャ絨

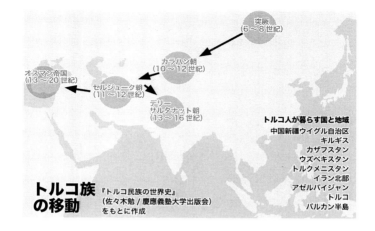

トルコ族の移動
『トルコ民族の世界史』
(佐々木勉 / 慶應義塾大学出版会)
をもとに作成

突厥 (6〜8世紀)
カラハン朝 (10〜12世紀)
セルジューク朝 (11〜12世紀)
オスマン帝国 (13〜20世紀)
デリー・サルタナット朝 (13〜16世紀)

トルコ人が暮らす国と地域
中国新疆ウイグル自治区
キルギス
カザフスタン
ウズベキスタン
トルクメニスタン
イラン北部
アゼルバイジャン
トルコ
バルカン半島

毯の販売拠点、ヨーロッパの物資が集まるキャラバン・サライが見られた。また南下を進めるロシアや西の大国オスマン・トルコへの防衛拠点として、カージャル朝王家の皇太子の在所がおかれていた。

アゼルバイジャンの食

イラン高原と異なる食文化が見られるタブリーズ。とくに壺のなかの具をつぶしながら食べるシチュー「アーブグーシュト」はこの地方の伝統料理として知られる。そのほかにもタブリーズにはケバブやサンドイッチを売る店が軒をつらねている。

【地図】イラン北西部

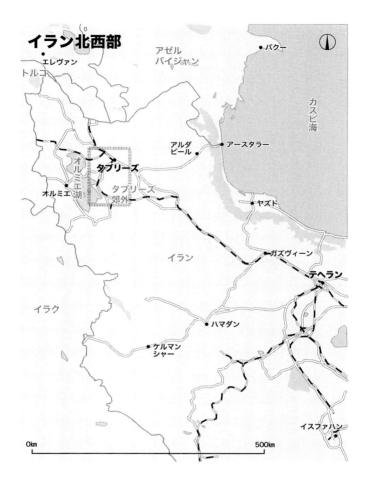

【MEMO】

【MEMO】

Tabriz 北西の巨大交易都市

Guide, Tabriz

タブリーズ城市案内

1000年の歴史をもつバザール
堂々とした威容を見せるアルゲ・タブリーズ
イラン第2の街を歩く

アルゲ・タブリーズ Arg-e Tabriz ［★★☆］

タブリーズの中心部にそびえる城塞跡アルゲ・タブリーズ。イル・ハン国がタブリーズに都をおいていた時代の1310〜20年ごろ、タージュ・アッディーン・アリー・シャー（第8代ハン、オルジェイトゥの宰相）の命で建てられた。高さ50mにもなる巨大な建築物のほとんどはくずれてしまっているが、レンガづくりの堂々とした門構えから往時の様子をしのぶことができる（もともとモスクとして造営されたため、ふたつのアーチとミフラーブが残っている）。イル・ハン国の時代はイラン史のなかでも建築が巨大化したことで知

【地図】タブリーズ市街

【地図】タブリーズ市街の [★★★]
- [ ] バザール Bazar

【地図】タブリーズ市街の [★★☆]
- [ ] アルゲ・タブリーズ Arg-e Tabriz
- [ ] マスジッデ・キャブード（ブルー・モスク）Masjed-e Kabud

【地図】タブリーズ市街の [★☆☆]
- [ ] 時計塔 Clock Tower
- [ ] 聖メアリー教会 Keilisa-ye Maryam-e Moghaddas
- [ ] ゴレスターン庭園 Bagh-e Golestan

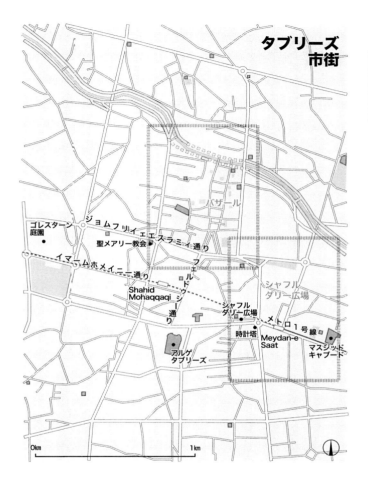

【地図】シャフルダリー広場

【地図】シャフルダリー広場の [★★★]
- [ ] バザール Bazar

【地図】シャフルダリー広場の [★★☆]
- [ ] マスジッデ・キャブード（ブルー・モスク）Masjed-e Kabud
- [ ] アゼルバイジャン博物館 Azerbaijan Museum

【地図】シャフルダリー広場の [★☆☆]
- [ ] 時計塔 Clock Tower

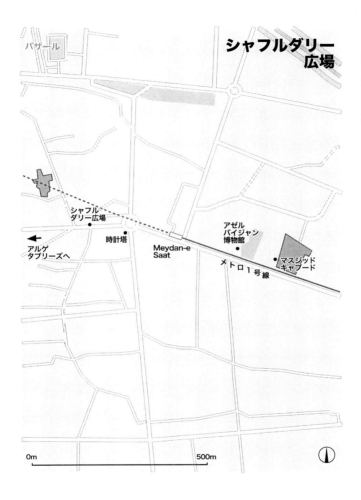

▲左　多様な民族が暮らすイラン、トルコ系の人も多い。　▲右　14世紀創建のアルゲ・タブリーズ

られ、タブリーズ南東に位置するソルターニエのオルジェイトゥ廟はこの時代を代表する建築となっている。

時計塔 Clock Tower [★☆☆]

シャフルダリー広場に面して立つ時計塔。この塔の北側をイマーム・ホメイニー通りが東西に走り、タブリーズの中心となっている。

【MEMO】

ASIA
イラン

マスジッデ・キャブード（ブルー・モスク）
Masjed-e Kabud ［★★☆］

15世紀にイラン北西部を支配したカラ・コユンル朝のジャハーン・シャー（「世界の王」を意味する）の命で、1465〜66年に建てられたマスジッデ・キャブード。冬のモスクとして建設され、壁面を青色のモザイク・タイルで装飾されているところから、「ブルー・モスク」の愛称で親しまれている。ドームとミナレットは地震で崩壊し、壁のタイルもはがれ落ちるなど、破損がいちじるしい。

▲左　タブリーズのシンボルとも言える時計塔。　▲右　アゼルバイジャン地方で見られるトルコ型モスク

トルコ型モスク

マスジッデ・キャブードは冬が寒冷なタブリーズの気候にあわせるように、外部に対して閉鎖的なトルコ型のモスクとなっている（中庭に４イワンをもつペルシャ型とは異なる）。このモスクを建造したカラ・コユンル朝はトルコ系遊牧騎馬民族を出自とし、もともとシャーマニズムを信仰していたが、イスラム神秘主義との共通点を見出すなかでイスラム化していった。

ASIA
イラン

アゼルバイジャン博物館 Azerbaijan Museum ［★★☆］

アゼルバイジャン地方の歴史や文化にまつわる展示が見られるアゼルバイジャン博物館。民族衣装やカリグラフィー、絵画、書籍などが展示されている。古くからコーカサスとメソポタミア、ヨーロッパとペルシャを結ぶ「文明の十字路」に位置するアゼルバイジャン地方は、さまざまな民族が興亡を繰り返してきたことで知られ、11世紀のセルジューク朝時代以後、トルコ化していった。アゼルバイジャン地方は、現在、イラン北西部とアゼルバイジャン共和国のふたつの国にまたがっている。

▲左　バザールの商人、親切さとしたたかさをあわせもつ。　▲右　レンガで組まれたタブリーズのバザール

バザール Bazar ［★★★］

細い路地が迷路のように縦横無尽に走り、5000を超える店が軒をつらねるイランでもっとも有名なタブリーズのバザール。レンガづくりのバザールは、屋根でおおわれ、天井に開けられた穴から光がさしこむようになっている。絨毯、宝石、香辛料、金銀細工などをあつかう店が区画ごとにならび、ここでは品を見定める人々の様子が見られる。たび重なる地震でいくども建てなおされているが、もっとも古い部分は8世紀のものとなっている。2010年、タブリーズの歴史的な商業施設として世界遺産に登録された。

【地図】バザール

【地図】バザールの [★★★]
- [ ] バザール Bazar

【地図】バザールの [★☆☆]
- [ ] 聖メアリー教会 Keilisa-ye Maryam-e Moghaddas

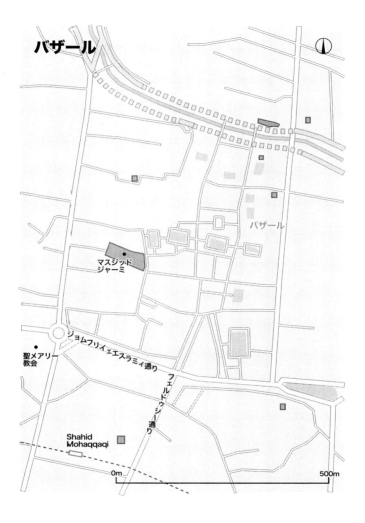

ASIA
イラン

度重なる地震

タブリーズは長い歴史をもっているが、断層が走る地震多発地帯に位置するため、たび重なる地震の被害を受け、そのたびに街はつくりなおされてきた。記録されているだけでも、858年、1042年、1641年、1727年、1780年、1854年、1856年に大地震がこの街をおそっている（1042年の地震では4万人の死者を出したという）。

▲左　人や車、交通量は多い。　▲右　スイーツはタブリーズでも大人気

聖メアリー教会
Keilisa-ye Maryam-e Moghaddas [★☆☆]

タブリーズのバザール近くに位置する聖メアリー教会。タブリーズにはいくつかの教会が立ち、マルコ・ポーロも『東方見聞録』のなかでタブリーズの教会にふれている（この街にはアルメニア人の居住区もある）。聖メアリー教会はタブリーズの教会のなかでもっとも古い歴史をもち、現在の建物は18世紀に改築されたものとなっている。

ASIA
イラン

ゴレスターン庭園 Bagh-e Golestan ［★☆☆］

タブリーズ市街の中心部に位置するゴレスターン庭園。ゴレスターンとは「薔薇」を意味し、ここはイランを代表する庭園として知られている。かつては墓地だったが、20世紀になってから整備されて今にいたる。

【MEMO】

【MEMO】

【MEMO】

千年続く商業空間

ASIA
イラン

中東でも屈指の伝統をもつタブリーズのバザール
地震で何度も倒壊しながら
いくどとなく建てなおされてきた

旅人たちが描いたタブリーズのバザール

タブリーズのバザールには多くの旅人が訪れ、そのにぎわいの様子を記録している。モンゴル帝国統治下の13世紀、ヴェネチアから中国へ旅して、『東方見聞録』を記したマルコ・ポーロは「タブリーズには、インド、バグダッド、ホルムズなどの各地から諸物産が集まる。それらを求めてヨーロッパの商人は、この街のバザールにやってくる」と記し、また14世紀の旅行家イブン・バットゥータは「タブリーズのバザールは、私が世界各地で見たなかでも、もっとも素晴らしいもののひとつである」とこのバザールをたたえている。

▲左　各地からの物産を集めて売る商人。　▲右　バザールへの入口、モスク同様イワン様式となっている

タブリーズ商人の活躍

近代以降、タブリーズの繁栄は頂点に達していたが、なかでもペルシャ絨毯がこの街からヨーロッパ向けに多く輸出された。乾燥したイラン高原にあって、例外的に湿潤なカスピ海南岸では生糸の栽培に適し、16世紀以降、絹が生産されていた。また近代化を果たした西欧諸国の人々がより豊かな生活をのぞむなかで、19世紀以降、ペルシャ絨毯への需要が増えていった。ペルシャ絨毯はタブリーズからイスタンブールをへて、ヨーロッパへ運ばれたが、それをとりしきったのがタブリーズ商人だった。当時、タブリーズのバザールは遠

ASIA
イラン

▲左　街角にはケバブなど軽食を出す店が数多い。　▲右　絨毯が売られているタブリーズの名産品

隔地交易の拠点となり、この街はテヘランをしのぐイラン最大の都市となっていた。

タブリーズ絨毯

「トルコ結び」と呼ばれる方法で織られるタブリーズの絨毯（パイル糸の絡ませかたで、ペルシャ結びとは異なる）。イランを代表する絨毯のひとつとして知られ、金具ゴーラブを使って男性が織るのがこの地方の絨毯の特徴となっている。またバザールにはパイル糸を使わずに縦糸と横糸で織ったキリムも見られる。

Guide,
Around Tabriz
郊外
城市案内

ASIA
イラン

イラン北西部に位置するタブリーズ
この街の近くには奇岩で知られる
キャンドヴァーン村も位置する

イールゴリー公園 Elgoli Park ［★☆☆］

タブリーズ市街南東 10 kmに位置するイールゴリー公園。もともと 14 世紀にこの地域を支配したトルコ系のアク・コユンル朝時代に造営された歴史をもち、近代のカージャル朝時代に庭園として整備された（そのためシーラーズの玉座の庭園やテヘランのカスレ・カージャルと同じ様式になっている）。20 世紀になってから市民公園として開放され、人造湖を中心に遊園地やチャイハネが併設されている。

郊外城市案内 | Tabriz

バーグ・ラール・バーギー Bagh Lar Baghi ［★☆☆］

市街東方に位置する遊園地バーグ・ラール・バーギー。射撃場や観覧車などが見られ、休日には多くの人でにぎわう。

【地図】タブリーズ全体図の [★★★]
- [ ] バザール Bazar

【地図】タブリーズ全体図の [★☆☆]
- [ ] イールゴリー公園 Elgoli Park
- [ ] バーグ・ラール・バーギー Bagh Lar Baghi

▲左 奇岩が続くキャンドバーン村、タブリーズの南にある。　▲右 タブリーズの冬は厳しい、零下20度にもなることもある

キャンドヴァーン村 Kandvan Village ［★★☆］

タブリーズから南60 kmにそびえるサハンド山麓に位置するキャンドヴァーン村。ここでは奇岩を繰り抜いて住居とする人々の生活が見られ、その様子はカッパドキア（トルコ）を彷彿とさせる。もともと7世紀のアラブ軍の侵入にさいして、この山麓に人々が避難し、そのまま住み着いたのがはじまりだという。水がきれいなことで有名で、アプリコットやリンゴ、アーモンドといった果実が実る。

【MEMO】

【地図】タブリーズ郊外の ［★★☆］
- [ ] キャンドヴァーン村 Kandvan Village

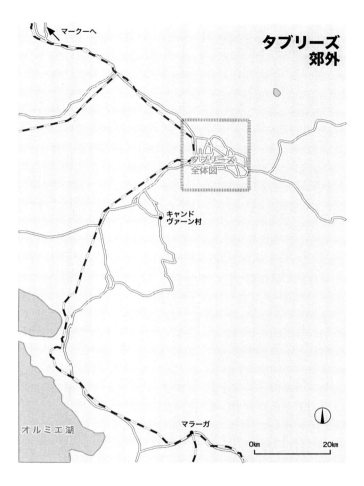

光と影の
アゼルバイジャン

ASIA
イラン

プレート上に位置することからたび重なる地震を受け
そのたびに街はつくりなおされている
また栄光と屈辱の近代イランの舞台ともなった街

タブリーズ陥落とアゼルバイジャン分割

歴史的にカフカス地方はイランの王朝の宗主権を認めることが多かったが、近代、南下を進めるロシアとカージャル朝イランはカフカス地方を舞台に衝突するようになった。1804年、グルジアの宗主権をめぐって勃発した二度のイラン・ロシア戦争にさいして、タブリーズは陥落し、1828年、トルコマンチャーイ条約が結ばれることになった。この条約でアラス川北岸はロシアのものとなり、アゼルバイジャン地方は南北に分離された。こうして両国の国境が確定され、イランの領土はそれまでよりも大幅に小さなものとなっていった

光と影のアゼルバイジャン　Tabriz

（カスピ海東のホラサーン地方の部族集団も、歴史的にイラン王朝の宗主権を認めていたが、やがて自立していった）。

瓦礫となった街シャーム

13世紀以降、モンゴル系のイル・ハン国の首都として発展するようになったタブリーズ。イル・ハン国宰相のラシード・ウッディーンは、1247年、タブリーズの南に礼拝所、天文台、庭園、大学、病院などを備えた都市シャームの建設にとりかかり、そこでは24のキャラバン・サライ、1500の店舗、3万人を収容する住居が併設されていたという。1万人以上

ASIA
イラン

▲左　テヘランに続く大都会でもある。　▲右　アルゲ・タブリーズ、度重なる地震で大部分が倒壊した

　の職人が集められて造営されたシャームは、やがて地震で倒壊し、「幻の都市」となってしまった（モンゴルによってユーラシアが結ばれたこの時代、ラシード・ウッディーンは史上はじめての世界史と言われる『集史』をペルシャ語で編纂している）。

【MEMO】

城市の
うつり
かわり

文明の十字路に位置するタブリーズ
この街はさまざまな方面から征服を受け
諸民族の興亡の舞台となってきた

古代から中世（〜13世紀）

タブリーズの創建については、はっきりとしたことはわかっておらず、いくつかの説が伝えられている。なかでもアルメニアの王によって創建されたというものが有力で、1世紀ごろにはパルティア王ティリダテス3世が統治していたという。時代はくだって642年にアラブ軍がこの地方に侵入したとき、タブリーズは小さな街に過ぎず、11世紀のセルジューク朝時代もその状況は変わらなかった。セルジューク朝から独立した地方領主アタ・ベクの時代の1191年にここに都がおかれたことで栄えるようになったが、その後、1231年に

ASIA
イラン

モンゴル軍に征服され、荒廃してしまったと伝えられる。

イル・ハン国の首都（13〜14世紀）

13世紀、イスラム帝国アッバース朝討伐を命じられたモンゴルのフラグ・ハンは、中東制圧後もモンゴル高原には帰らず、1258年、イランでイル・ハン国が樹立された。このイル・ハン国の首都がタブリーズにおかれたことで、現在につながる繁栄がはじまり、住民のトルコ化も進んだ。イル・ハン国の宰相ラシード・ウッディーンは3万人の住居、24のキャラバン・サライをもつ新都市を造営し、タブリーズはイル・

▲左　交通渋滞が続く、道はトルコへと続いている。　▲右　伝統的な生活スタイルを守る人も多い

ハン国の政治、経済、文化の中心都市となっていた。この時代、ユーラシア全域がモンゴル帝国の領土となっていた（中国は元による統治時代だった）。

トルコ系王朝の都（14〜16世紀）

11〜12世紀のセルジューク朝、13世紀のモンゴル軍の西征にひきいられて、多くのトルコ系遊牧民が中央アジアからイランへ移住した。14世紀、後継者争いなどからイル・ハン国が衰退すると、この地方ではトルコ系遊牧部族が割拠するようになった。そのようなトルコ系遊牧民の王朝がカラ・コ

ユンル(黒羊朝)やアク・コユンル(白羊朝)で、タブリーズに首都がおかれていた。

サファヴィー朝(16〜18世紀)

16世紀にサファヴィー朝を樹立するサファヴィー王家は、タブリーズ東方にあるアルダビールの神秘主義教団を出自とする。教団は15世紀ごろから軍事化し、やがてアク・コユンルと対立するようになっていた。1501年、教主イスマイルは強力なトルコ系軍事集団をひきいてタブリーズに入城し、ここにサファヴィー朝が樹立された。当初、首都はタブ

リーズにおかれていたが、王朝の都はガズヴィーン、続いてイスファハンへと遷都された。

カージャル朝（18〜20世紀）

18世紀、サファヴィー朝が崩壊したのち、イランの盟主となったのがカージャル朝で、その首都はテヘランにおかれた。対ヨーロッパ交易や南下するロシアへの前線拠点としてタブリーズの地位は高まり、カージャル朝統治下でイラン最大の都市となっていた。この時代、タブリーズはカージャル朝王家の皇太子の在所となり、イランで最初に西欧化が試みられ

るなど、西欧世界との接点となっていた（タブリーズにイラン最初の印刷所がおかれている）。

パフラヴィー朝、イラン・イスラム共和国（20世紀〜）
カージャル朝治下では西欧列強の進出が進み、押し寄せる諸外国の圧力のなかでタブリーズは厳しい局面に立たされていた（1917年、オスマン帝国に占領されている）。このような時代に議会や憲法の成立を求めるイラン立憲革命（1906〜11年）の舞台となったのがタブリーズで、やがてカージャル朝に代わってパフラヴィー朝が樹立された。パフラヴィー

Tabriz 城市のうつりかわり

▲左　アゼルバイジャン地方の多様な風土が感じられる。　▲右　チャドルをまとったイラン女性

朝のもとではテヘランへの一極集中が進み、タブリーズの地位は相対的にさがってしまった。1979年以降にはイラン・イスラム共和国が成立し、現在、タブリーズはイラン第2の都市規模をもつほか、トルコ系の文化をもつアゼルバイジャン地方の首邑となっている。

参考文献

『事典イスラームの都市性』（板垣雄三・後藤明 / 亜紀書房）

『イラン近代の原像』（八尾師誠 / 東京大学出版会）

『トルコ民族の世界史』（佐々木勉 / 慶應義塾大学出版会）

『ペルシア絨毯の道』（佐々木勉 / 山川出版社）

『イラン・タブリーズ市の歴史的建造物バザールの耐震安全性確保に向けた基礎的研究』（二宮佑輝・山口謙太郎・宮島昌克・田原桂太・大場文絵 / 日本建築学会研究報告）

『東方見聞録』（マルコ・ポーロ / 平凡社）

『世界大百科事典』（平凡社）

まちごとパブリッシングの旅行ガイド

Machigoto INDIA , Machigoto ASIA , Machigoto CHINA

【北インド - まちごとインド】

001 はじめての北インド
002 はじめてのデリー
003 オールド・デリー
004 ニュー・デリー
005 南デリー
012 アーグラ
013 ファテープル・シークリー
014 バラナシ
015 サールナート
022 カージュラホ
032 アムリトサル

【西インド - まちごとインド】

001 はじめてのラジャスタン
002 ジャイプル
003 ジョードプル
004 ジャイサルメール
005 ウダイプル
006 アジメール(プシュカル)
007 ビカネール
008 シェカワティ
011 はじめてのマハラシュトラ
012 ムンバイ
013 プネー
014 アウランガバード
015 エローラ
016 アジャンタ
021 はじめてのグジャラート
022 アーメダバード
023 ヴァドダラー(チャンパネール)
024 ブジ(カッチ地方)

【東インド - まちごとインド】

002 コルカタ
012 ブッダガヤ

【南インド - まちごとインド】

001 はじめてのタミルナードゥ
002 チェンナイ
003 カーンチプラム
004 マハーバリプラム
005 タンジャヴール
006 クンバコナムとカーヴェリー・デルタ
007 ティルチラパッリ
008 マドゥライ
009 ラーメシュワラム
010 カニャークマリ
021 はじめてのケーララ
022 ティルヴァナンタプラム
023 バックウォーター(コッラム〜アラップーザ)
024 コーチ(コーチン)
025 トリシュール

【ネパール - まちごとアジア】

001 はじめてのカトマンズ
002 カトマンズ
003 スワヤンブナート

004 パタン
005 バクタプル
006 ポカラ
007 ルンビニ
008 チトワン国立公園

【バングラデシュ - まちごとアジア】

001 はじめてのバングラデシュ
002 ダッカ
003 バゲルハット（クルナ）
004 シュンドルボン
005 プティア
006 モハスタン（ボグラ）
007 パハルプール

【パキスタン - まちごとアジア】

002 フンザ
003 ギルギット（KKH）
004 ラホール
005 ハラッパ
006 ムルタン

【イラン - まちごとアジア】

001 はじめてのイラン
002 テヘラン
003 イスファハン
004 シーラーズ
005 ペルセポリス
006 パサルガダエ（ナグシェ・ロスタム）
007 ヤズド
008 チョガ・ザンビル（アフヴァーズ）
009 タブリーズ
010 アルダビール

【北京 - まちごとチャイナ】

001 はじめての北京
002 故宮（天安門広場）
003 胡同と旧皇城
004 天壇と旧崇文区
005 瑠璃廠と旧宣武区
006 王府井と市街東部
007 北京動物園と市街西部
008 頤和園と西山
009 盧溝橋と周口店
010 万里の長城と明十三陵

【天津 - まちごとチャイナ】

001 はじめての天津
002 天津市街
003 浜海新区と市街南部
004 薊県と清東陵

【上海 - まちごとチャイナ】

001 はじめての上海
002 浦東新区
003 外灘と南京東路
004 淮海路と市街西部
005 虹口と市街北部
006 上海郊外（龍華・七宝・松江・嘉定）
007 水郷地帯（朱家角・周荘・同里・甪直）

【河北省 - まちごとチャイナ】

---

001 はじめての河北省
002 石家荘
003 秦皇島
004 承徳
005 張家口
006 保定
007 邯鄲

【江蘇省 - まちごとチャイナ】

---

001 はじめての江蘇省
002 はじめての蘇州
003 蘇州旧城
004 蘇州郊外と開発区
005 無錫
006 揚州
007 鎮江
008 はじめての南京
009 南京旧城
010 南京紫金山と下関
011 雨花台と南京郊外・開発区
012 徐州

【浙江省 - まちごとチャイナ】

---

001 はじめての浙江省
002 はじめての杭州
003 西湖と山林杭州
004 杭州旧城と開発区
005 紹興
006 はじめての寧波
007 寧波旧城
008 寧波郊外と開発区
009 普陀山
010 天台山
011 温州

【福建省 - まちごとチャイナ】

---

001 はじめての福建省
002 はじめての福州
003 福州旧城
004 福州郊外と開発区
005 武夷山
006 泉州
007 廈門
008 客家土楼

【広東省 - まちごとチャイナ】

---

001 はじめての広東省
002 はじめての広州
003 広州古城
004 天河と広州郊外
005 深圳（深セン）
006 東莞
007 開平（江門）
008 韶関
009 はじめての潮汕
010 潮州
011 汕頭

【遼寧省 - まちごとチャイナ】

---

001 はじめての遼寧省
002 はじめての大連
003 大連市街
004 旅順
005 金州新区

006 はじめての瀋陽
007 瀋陽故宮と旧市街
008 瀋陽駅と市街地
009 北陵と瀋陽郊外
010 撫順

【重慶 - まちごとチャイナ】

001 はじめての重慶
002 重慶市街
003 三峡下り（重慶〜宜昌）
004 大足

【香港 - まちごとチャイナ】

001 はじめての香港
002 中環と香港島北岸
003 上環と香港島南岸
004 尖沙咀と九龍市街
005 九龍城と九龍郊外
006 新界
007 ランタオ島と島嶼部

【マカオ - まちごとチャイナ】

001 はじめてのマカオ
002 セナド広場とマカオ中心部
003 媽閣廟とマカオ半島南部
004 東望洋山とマカオ半島北部
005 新口岸とタイパ・コロアン

【Juo-Mujin（電子書籍のみ）】

Juo-Mujin 香港縦横無尽
Juo-Mujin 北京縦横無尽
Juo-Mujin 上海縦横無尽

【自力旅游中国 Tabisuru CHINA】

001 バスに揺られて「自力で長城」
002 バスに揺られて「自力で石家荘」
003 バスに揺られて「自力で承徳」
004 船に揺られて「自力で普陀山」
005 バスに揺られて「自力で天台山」
006 バスに揺られて「自力で秦皇島」
007 バスに揺られて「自力で張家口」
008 バスに揺られて「自力で邯鄲」
009 バスに揺られて「自力で保定」
010 バスに揺られて「自力で清東陵」
011 バスに揺られて「自力で潮州」
012 バスに揺られて「自力で汕頭」
013 バスに揺られて「自力で温州」

【車輪はつばさ】
南インドのアイラヴァテシュワラ寺院には建築本体に車輪がついていて寺院に乗った神さまが人びとの想いを運ぶと言います。

・本書はオンデマンド印刷で作成されています。
・本書の内容に関するご意見、お問い合わせは、発行元の
　まちごとパブリッシング info@machigotopub.com までお願いします。

まちごとアジア
イラン009タブリーズ
〜大バザールと文明の「交差路」[モノクロノートブック版]

2017年11月14日　発行

著　者	「アジア城市（まち）案内」制作委員会
発行者	赤松　耕次
発行所	まちごとパブリッシング株式会社 〒181-0013　東京都三鷹市下連雀4-4-36 URL　http://www.machigotopub.com/
発売元	株式会社デジタルパブリッシングサービス 〒162-0812　東京都新宿区西五軒町11-13 清水ビル3F
印刷・製本	株式会社デジタルパブリッシングサービス URL　http://www.d-pub.co.jp/

MP055

ISBN978-4-86143-189-0 C0326　　　　Printed in Japan
本書の無断複製複写（コピー）は、著作権法上での例外を除き、禁じられています。